Direito

do Trabalhador de A a Z

Tudo o que você precisa saber sobre seus direitos trabalhistas

Dados Internacionais de Catalogação na Publicação (CIP)
(Câmara Brasileira do Livro, SP, Brasil)

> Pretti, Gleibe
> Direito do trabalhador de A a Z: tudo o que você precisa saber sobre seus direitos trabalhistas / Gleibe Pretti, Gleice Pretti. -- São Paulo : Ícone, 2011.
>
> ISBN 978-85-274-1060-1
>
> 1. Direito do trabalho - Brasil 2. Trabalho e classes trabalhadoras - Brasil I. Pretti, Gleice. II. Título.
>
> 09-08914   CDU-34:331(81)

Índices para catálogo sistemático:

1. Brasil : Direito do trabalhador : Direito
   34:331(81)

Direito do Trabalhador de A a Z

Tudo o que você precisa saber sobre seus direitos trabalhistas

Gleibe Pretti*
Gleice Pretti**

*Advogado, Professor de Direito e Processo do Trabalho, Presidente da APAT-Associação Paulista dos Advogados Trabalhistas, Especialista em Direito e Processo do Trabalho.

**Bacharel em Direito e Assessora Jurídica.

1ª Edição

2ª Reimpressão – 2011

Ícone editora

© Copyright 2011
Ícone Editora Ltda.

Design gráfico, capa e miolo
Richard Veiga

Revisão
Rosa Maria Cury Cardoso

Proibida a reprodução total ou parcial desta obra, de qualquer forma ou meio eletrônico, mecânico, inclusive através de processos xerográficos, sem permissão expressa do editor (Lei nº 9.610/98).

Todos os direitos reservados pela
ÍCONE EDITORA LTDA.
Rua Anhanguera, 56 – Barra Funda
CEP 01135-000 – São Paulo – SP
Tel./Fax.: (11) 3392-7771
www.iconeeditora.com.br
iconevendas@iconeeditora.com.br

Apresentação

Esse livro foi feito para você trabalhador. Você que acorda todos os dias cedo, pega condução lotada, chega no serviço "engole sapos" e ainda ganha pouco. Na verdade a maioria dos trabalhadores no Brasil vive essa rotina diária, não adianta esconder, mas isso acontece em todas as cidades do nosso País.

Desta forma, verificando que além do empregado sofrer com todas as injustiças sociais, ainda deixa de receber vários direitos que deveriam ser pagos pelo trabalho que realizou na empresa. Muitas vezes deixa de receber salário, 13º, férias e muito mais, por não conhecer seus direitos.

Esse livro traz para o trabalhador, de uma forma objetiva e linguagem simples, na forma de perguntas e respostas, o conhecimento de seus direitos para que possa lutar pelo que deve ser recebido após seu trabalho.

Já me antecipando às críticas que vou receber desse livro, dizendo que o mesmo não tem "caráter científico", gostaria apenas de expor um argumento para a reflexão de todos: Devemos deixar a hipocrisia de lado, pois trazer argumentos técnicos que ficam no campo do Direito, ou dos sonhos, pois na realidade não são colocados em prática, apenas afasta as leis, a Justiça da população mais simples.

De que valem livros publicados que só interessam a "meia" dúzia de pessoas? Por favor, nobres estudiosos e sábios do Direito, usem sua inteligência para aproximar o Direito e a Justiça do trabalhador mais simples, daquele que é todos os dias ludibriado pelo capitalista corrupto e sem escrúpulos. Faça por valer sua faculdade e seu diploma em prol daqueles que mais necessitam, o trabalhador.

Quero agradecer a todas as pessoas que me ajudaram nesse projeto formulando suas perguntas e dúvidas sobre seus direitos, pois, foi através dessas perguntas que surgiu esse livro.

Aproveite, aprenda, e principalmente procure buscar seus direitos. Pergunte ao seu patrão se está correto, se não falta algum valor a receber. Você tem direitos e irá conhecer, agora, os mais importantes, que, com certeza, irá utilizar no dia a dia.

Por favor, mandem suas perguntas pelo nosso *site* ou e-mail e nos ajude a fazer as novas edições com mais conteúdo e de fácil acesso a todos os leitores. Meu muito obrigado.

Prof. Gleibe Pretti *

*Advogado, Professor de Direito e Processo do Trabalho, residente da APAT-Associação Paulista dos Advogados Trabalhistas, Especialista em Direito e Processo do Trabalho.

Autor de diversas obras na área do Direito do Trabalho pela Ícone Editora, dentre elas a CLT Comentada com Doutrina e Jurisprudência *e o* Vade Mecum Trabalhista.

Blog:
www.gleibe.vilablog.com

Site:
www.professorgleibe.com.br

Twitter:
www.twitter.com/gleibe

E-mail:
prof.gleibe@yahoo.com.br

Dedicatória

Dedico essa obra aos meus filhos, em especial ao Guilherme, pois termino esse livro na data do seu aniversário de 3 aninhos. É o seu presente, filho. Eu te amo!

Seu pai.

Índice

Capítulo 1 - Como usar esse livro, 11

Capítulo 2 - Tipos de Trabalhadores, 12

    Domésticas e diaristas, 13

    Empregada mulher, 18

    Empregado rural, 24

    Trabalhador temporário, 24

    Trabalhador autônomo, 25

    Estagiário, 26

    Trabalhador cooperado, 28

    Trabalho do menor de 18 anos, 29

    Observações sobre o empregado, 30

    Caminhoneiro, 31

    Pedreiro, 32

    Empregado deficiente, 33

Capítulo 3 - Contrato de Trabalho, 33

Capítulo 4 - Carteira de Trabalho e Previdência Social, 38

Capítulo 5 - Remuneração, 40

Capítulo 6 - Término do Contrato de Trabalho, 47

Capítulo 7 - Estabilidade, 54

Capítulo 8 - FGTS, 56

Capítulo 9 - Jornada de Trabalho, 58

Capítulo 10 - Férias, 63

Capítulo 11 - Segurança e Medicina do Trabalho, 66

Capítulo 12 - Aposentadoria, 69

Capítulo 13 - Poder do Empregador, 70

Capítulo 14 - Sindicato, 71

Capítulo 15 - Atestados Médicos, 73

Capítulo 16 - Reclamação Trabalhista na Justiça, 74

Capítulo 17 - Curiosidades que Acontecem, 76

Capítulo 18 - Modelos, 77

  Modelo 1- Recibo de Pagamento, 77

  Modelo 2- Advertência, 78

  Modelo 3- Aviso Prévio, 79

Capítulo 1

Como usar este livro

Bom, mesmo você que não fez faculdade de Direito não terá dificuldade de encontrar as informações que precisa, nesse livro.

Caso você tenha dúvida sobre um tipo especial de trabalhador, exemplo doméstico, você deverá ir ao capítulo: Tipos de Trabalhadores.

Caso você tenha dúvida sobre estabilidade deverá ir ao capítulo: Estabilidade.

Caso a dúvida seja sobre demissão você deverá ir ao capítulo: Contrato de Trabalho.

Entendeu? É fácil.

E ainda ao final trouxemos modelos de documentos que serão úteis para o dia a dia do trabalhador.

Boa leitura.

Prof. Gleibe Pretti

Capítulo 2

Tipos de Trabalhadores

A partir de que idade é permitido trabalhar no Brasil?
R. A partir dos 16 anos de idade, exceto o empregado aprendiz que é a partir dos 14 anos.

Quais são os requisitos para ser empregado?
R. Os requisitos para ser empregado são: subordinação, habitualidade, onerosidade, pessoalidade e pessoa física. Esses cinco requisitos devem estar juntos para que seja caracterizado o vínculo empregatício.

Sendo empregado, quais são os meus direitos?
R. Sendo empregado, terá os seguintes direitos: anotação em carteira de trabalho, salário mínimo, férias com adicional de 1/3, aviso prévio, 13º salário, FGTS com a multa de 40%, seguro desemprego e aviso prévio.

O empregador é obrigado a assinar minha carteira de trabalho?
R. Sim, e deverá ter a data de admissão, salário e cargo.

As anotações feitas em minha carteira são válidas até que ponto?
R. Fazem apenas prova relativa, ou seja, independentemente do que esteja escrito o que vale é o que o empregado faz, ou seja, o empregado pode ser registrado como auxiliar administrativo mas ter um cargo de gerente, assim sendo, apenas levando uma testemunha que comprove esse fato, deverá ser feita a retificação na carteira e o pagamento das diferenças salariais. Claro, isso através de uma ação trabalhista.

Qual o prazo que o empregador tem para devolver minha carteira assinada?
R. 48 horas contadas da entrega da carteira para o empregador.

O que é teletrabalho?
R. É a modalidade de emprego que o empregado fica em casa trabalhando muitas vezes no computador para outra pessoa. Terá vínculo de emprego e todos os direitos trabalhistas.

Domésticas e diaristas

Quais são os direitos dos empregados domésticos?
R. Os empregados domésticos têm direito a:
- salário não inferior ao mínimo;
- pagamento da Previdência Social (INSS);
- 13º salário;
- repouso semanal remunerado (preferencialmente aos domingos);

- férias anuais remuneradas (com pagamento acrescido de 1/3 do valor do salário mensal);
- licença maternidade de 120 dias e licença paternidade de 5 dias;
- aviso prévio trabalhado ou indenizado;
- aposentadoria por tempo de serviço;
- irredutibilidade de salário;
- inclusão no Fundo de Garantia de Tempo de Serviço, caso o empregador opte por requerê-la.

Quais são os direitos que a empregada doméstica não tem?
R. A doméstica não tem direito a horas extras, adicional de insalubridade, adicional de periculosidade, seu FGTS é facultativo, ou seja, o empregador paga se quiser, mas caso opte pelo pagamento, este deverá ser efetuado mensalmente.

A empregada doméstica tem alguma estabilidade no emprego?
R. Em regra a doméstica não tem direito a nenhuma estabilidade no emprego, exceto se estiver gestante (grávida) e terá estabilidade até 5 meses após o parto.

Qual a diferença de doméstica e diarista?
R. A doméstica tem todos os requisitos para ser empregada (subordinação, habitualidade, pagamento de salário e pessoalidade) já a diarista é esporádica, ou seja, além de escolher os dias que irá trabalhar, o trabalho é feito de uma forma eventual. A diarista só terá o direito de receber pelo seu dia de trabalho.

Quantos dias por semana a empregada doméstica deverá trabalhar para ter uma relação de emprego?

R. Não existe um número exato de dias da semana. O que se defende é exatamente quem escolhe os dias que a doméstica irá trabalhar. Ou seja, se for a doméstica que escolhe os dias e as horas que irá trabalhar não será uma doméstica e sim apenas uma diarista.

Caso o pagamento da diarista seja feito diariamente, descaracteriza o vínculo de emprego?

R. Não, a forma do pagamento não descaracteriza o vínculo de emprego, tendo em vista que o salário pode ser pago de forma mensal, quinzenal, semanal, diário e até mesmo por hora.

É obrigatório fazer o registro em carteira da empregada doméstica?

R. Sim, a doméstica deverá apresentar sua carteira de trabalho e o empregador deverá fazer o registro apontando o salário, a data de admissão com o nome do empregador com o CPF/MF.

Existe vínculo de emprego da empregada doméstica com pessoa jurídica?

R. Nunca, o vínculo de emprego da doméstica sempre será com pessoa física, pois a atividade da doméstica não oferece lucro ao empregador.

A doméstica poderá receber menos que um salário mínimo por mês?
R. Não, por ser empregada tem que receber pelo menos um salário mínimo por mês.

Quanto que se deve pagar de INSS referente a doméstica?
R. Salário de até R$ 911,70 deve-se recolher 20% do salário, sendo que é descontado do doméstico 8%. De R$ 911,71 até R$ 1.519, 50 o valor do recolhimento será de 21%, sendo que será descontado do doméstico 9%. E de R$ 1.519,51 até R$ 3.088,99 de salário será recolhido o valor de 23%, sendo que serão descontados 11% do salário do doméstico.

Como se dá o desconto do imposto de renda do doméstico?
R. Até R$ 1.372,81 reais esse imposto é isento. De R$ 1.372,82 até R$ 2.743,25 o valor descontado do IR será de 15%. E se o salário for superior a R$ 2.743,25 o desconto será de 27,5%.

No caso de auxílio-doença como fica o pagamento do doméstico?
R. Desde o primeiro dia de afastamento quem faz o pagamento do doméstico será o INSS, ou seja, o empregador não precisa pagar os 15 primeiros dias de afastamento.

Como funciona o vale-transporte da doméstica?
R. Este será obrigatório e o empregador poderá fazer o desconto de até 6% do salário do doméstico sobre o vale-transporte.

Como se faz para pagar o FGTS da doméstica?
R. O empregador deverá comparecer numa agência da Caixa Econômica Federal e cadastrar o PIS do empregado, e após isso fazer o cadastro no INSS.

O empregado doméstico tem direito ao seguro desemprego?
R. Depende, se for recolhido o FGTS pelo menos 15 meses nos últimos 24 meses, fará jus ao pagamento de 3 salários mínimos a título de seguro desemprego.

Quando o empregado doméstico tem direito a aposentadoria?
R. Por invalidez, sujeito a uma carência de pelo menos 12 meses de contribuição no INSS. O médico do INSS deverá apontar a causa da invalidez e a relação com o trabalho. Por idade o doméstico poderá se aposentar com 65 anos de idade e a mulher com 60 anos de idade, com pelo menos 180 meses de contribuição já recolhidas aos cofres do INSS.

O que ocorre se o empregado recusar-se a assinar o termo de rescisão contratual?
R. Se houver recusa do empregado doméstico em assinar o termo de rescisão contratual ou em receber o valor devido, o empregador poderá fazê-lo, judicialmente, através de uma ação denominada "consignação em pagamento" ou depositar o valor em uma conta especial, na CEF ou Banco do Brasil.

Há necessidade de homologação da rescisão contratual do empregado?
R. Não há necessidade de homologação da rescisão, perante os órgãos competentes, tais como Ministério do Trabalho e sindicato da categoria.

O que deve se entender sobre vigia?
R. Quanto ao vigia de rua, a posição da jurisprudência é controvertida. Dependendo para quem, e como é prestado seu trabalho, encontramos as seguintes possibilidades: o vigia que recebe salário de cada morador (clientes que ele mesmo angariou) é considerado trabalhador autônomo; o vigia que trabalha para um condomínio, ou seja, possui um grupo de moradores pagando para ele, será considerado empregado doméstico. Nesse sentido devemos entender que o âmbito residencial referido na Lei n.º 5.859/72, projeta-se até suas imediações com relação à sua proteção.

Empregada mulher

A grávida gestante de gêmeos, tem direito a mais tempo de licença maternidade?
R. Não, mesmo nascendo gêmeos a lei é omissa nesse ponto, assim, a mulher terá apenas 120 dias de licença maternidade.

Como fica o caso da mulher grávida de gêmeos, e no parto perde um feto e o outro bebê sobrevive.

Ela fica um tempo a mais que o da licença maternidade por ter perdido um bebê?
R. Não, como a lei nada informa para essa situação, a mulher terá os 120 dias de licença.

O empregado homem tem direito a licença maternidade? Quantos dias?
R. O empregado homem nunca terá licença maternidade, apenas licença paternidade de 5 dias contados do nascimento do filho.

Se a gestante perder seu bebê no parto, o pai tem direito de quantos dias de licença?
R. A lei nada diz acerca dessa situação, mas por bom senso usa-se o prazo da licença paternidade de 5 dias contados do nascimento da criança.

Existe alguma diferença de tempo de licença para ambos os sexos (mãe ou pai) se o feto nasce morto ou se o bebê nasce e fica alguns minutos vivo?
R. Não existirá diferença alguma no prazo da licença maternidade ou paternidade.

A empregada mulher tem os mesmos direitos dos empregados homens?
R. Sim, as mulheres têm os mesmos direitos do empregados homens, como por exemplo, os mesmos salários.

A empregada mulher tem algum direito diferente dos homens?
R. Sim, a empregada mulher tem direitos diferentes dos homens como por exemplo, a licença maternidade

de 120 dias, estabilidade gestante de até 5 meses após o parto, não poderá carregar peso superior a 20 kg de forma contínua e nem superior a 25 kg de forma esporádica.

A empregada mulher pode sofrer algum tipo de revista?
R. Sim, qualquer trabalhador pode ser revistado pelo empregador, mas desde que exista um aviso prévio de pelo menos um dia de antecedência. O que não pode ocorrer é a revista íntima, ou seja, que o empregador peça para a trabalhadora tirar sua roupa.

A empregada grávida pode faltar quantas vezes no serviço?
R. Poderá faltar 6 dias sem dar justificativa alguma durante os 9 meses de gravidez, ou ainda poderá faltar quantas vezes necessário desde que leve atestado médico.

A empregada que engravidar durante seu período de experiência terá estabilidade gestante?
R. Não, não terá direito a estabilidade, pois seu contrato era por prazo determinado, pode ser demitida.

A mulher precisa da autorização do marido para trabalhar?
R. Antigamente era dessa maneira, mas nos dias de hoje a mulher poderá trabalhar sem a dependência do seu marido. Com 18 anos a mulher adquire a capacidade de todos os seus atos na vida.

A mulher pode trabalhar à noite?
R. Sim, e deverá ser respeitada a hora noturna com o pagamento de pelo menos 20% a mais sobre a hora diurna. Somente é proibido o trabalho noturno para o menor de 18 anos de idade.

Quais são os períodos de descanso que a mulher deverá ter em sua jornada de trabalho?
R. Entre uma jornada e outra deverá ter pelo menos 11 horas de descanso. No caso de horas extras antes de começar a mesma deverá ter um intervalo mínimo de 15 minutos. A mulher ainda terá direito ao descanso semanal remunerado (de preferência aos domingos) que será de 24 horas. Ainda terá direito a pelo menos 15 minutos de refeição (se trabalhar entre 4 e 6 horas por dia) ou de 1 hora de almoço (se trabalhar mais de 6 horas por dia).

Quais profissões a mulher não pode trabalhar?
R. Não há praticamente proibição nenhuma para a mulher trabalhar em diversas atividades. Hoje, a mulher pode trabalhar em atividades insalubres, penosas, minas de carvão, subterrâneos, postos de gasolina, etc.

Quanto tempo de estabilidade tem a empregada grávida?
R. A partir da confirmação da gravidez até 5 meses após o parto, desde que o contrato seja por prazo indeterminado.

Quanto tempo a empregada grávida tem de licença maternidade?
R. Tem 120 dias, podendo sair de licença faltando em torno de 28 dias para o parto. Esse prazo de 120 dias é o tempo que a empregada fica em casa para se recuperar do parto e cuidar de seu filho.

Quanto tempo a mulher ao retornar ao trabalho tem para amamentar o seu filho?
R. Até o bebê completar 6 meses de vida, a mulher que retornar ao trabalho terá dois períodos por dia de 15 minutos para amamentar seu filho. Empresas com mais de 30 mulheres com mais de 16 anos de idade, obrigatoriamente terão locais apropriados para a amamentação.

A gestante tem alguma estabilidade ao voltar da licença maternidade para seu trabalho?
R. Em tese o seu retorno se dá 120 dias após o parto ainda restando 30 dias de estabilidade referente a sua gestação que é de 5 meses após o parto.

Durante a gravidez se a gestante precisar ficar afastada do serviço por doença serão descontados esses dias ou meses da licença maternidade?
R. Apresentando o atestado médico, nada poderá ser descontado da gestante.

Quais são os direitos da gestante que durante a licença maternidade engravida novamente?
R. Terá a estabilidade gestante, da confirmação da gravidez até 5 meses após o parto e também a licença maternidade.

A gestante que perder o nascituro (bebê) tem alguma estabilidade? Ela tem direito aos 120 dias de licença maternidade?

R. A empregada que perde o bebê tem a licença maternidade e a estabilidade gestante de até 5 meses contados do aborto. Detalhe: aborto criminoso não terá direito a nenhum desses direitos.

Quanto tempo a mulher terá de licença maternidade se adotar uma criança?

R. Deverá ser respeitado o prazo da tabela abaixo:

IDADE DA CRIANÇA ADOTADA	PERÍODO DA LICENÇA
Até 1 ano	120 dias
De 1 a 4 anos	60 dias
De 4 a 8 anos	30 dias
Mais de 8 anos	Não há licença

O local de trabalho da mulher deve ser diferente do homem?

R. Não necessariamente. A obrigação que existe são banheiros adequados e vestiários.

O descanso semanal da mulher será necessariamente aos domingos?
R. A cada 15 dias a mulher deverá folgar no domingo.

A mulher que se casar ou ficar grávida poderá ser dispensada?
R. Isso existia há tempos atrás, mas hoje nada impede da mulher ter sua profissão e família.

Empregado rural

Quais são as diferenças do empregado rural e do empregado que trabalha na cidade?
R. O empregado rural terá um adicional noturno maior de 25% sobre sua hora normal de trabalho.

Quais são os direitos do empregado rural?
R. Os mesmos do empregado urbano.

Trabalhador temporário

Qual é o prazo do contrato do trabalhador temporário?
R. Será de 3 meses podendo ser renovado por igual período.

No caso de temporário terá vínculo com qual empresa?
R. Não será com aquela que presta o serviço tendo em vista que esse é apenas o tomador de serviço. O

vínculo de emprego que o temporário tem é com a agência de emprego na qual foi contratado.

Pode ter contrato temporário na zona rural?
R. Não, é exclusivamente uma atividade urbana.

Quais são os direitos do temporário?
R. Salário mínimo, 13° proporcional ao tempo trabalhado, férias proporcionais com 1/3 de acréscimo, anotação em CTPS, seguro acidente de trabalho, adicionais caso faça (horas extras, noturno, insalubridade, etc.) e pagamento do INSS.

Trabalhador autônomo

A lei trabalhista se aplica aos autônomos?
R. Não, o autônomo está fora da CLT. Os direitos que estão na CLT não se aplicam ao autônomo.

Por que o autônomo não é considerado empregado e não tem os direitos trabalhistas?
R. Para o autônomo não existe o requisito da subordinação, o autônomo faz sua atividade do jeito que achar melhor não seguindo as regras impostas pelo patrão.

Todos os vendedores externos ou representantes comerciais são trabalhadores autônomos?
R. Não, se existir a subordinação e a habitualidade serão considerados empregados e consequentemente terão todos os direitos trabalhistas.

Precisa de diploma superior para ser autônomo?
R. Não, qualquer grau de instrução poderá ser autônomo.

O contrato do autônomo poderá ser por prazo determinado?
R. Poderá ser estipulado qualquer prazo para o autônomo, não existe um limite mínimo ou máximo para sua contratação. Prestação de serviço, máximo de 4 anos.

No caso de autônomo, poderá ter zona fechada para o trabalho?
R. Sim, o empregador poderá determinar áreas para a atuação dos autônomos.

O autônomo poderá ser dispensado por justa causa?
R. Sim, normalmente é a desídia (preguiça), atos que importem o descrédito no mercado, falta de cumprimento do contrato, condenação criminal ou ainda força maior (atos da natureza).

O autônomo poderá receber menos que um salário mínimo por mês?
R. Sim, ele assume os riscos da atividade e como não é empregado poderá receber menos que um salário mínimo por mês. Os autônomos não têm direitos trabalhistas.

Estagiário

O estágio é obrigatório?
R. Pode ser ou não. Conforme o currículo do curso.

Quem faz a fiscalização do estágio?
R. Deve ser a instituição de ensino, ou seja, a escola deverá fiscalizar o estágio para verificar se estão cumprindo as regras para com o estagiário.

Quantos estagiários pode ter numa empresa?
R. Depende da quantidade de empregados da empresa, deve seguir a seguinte tabela: até 5 funcionários apenas 1 estagiário. De 6 a 10 funcionários até 2 estagiários. De 11 a 25 funcionários até 5 estagiários. Acima de 25 funcionários até 20% de estagiários.

Caso o estágio tenha mais de 2 anos qual a consequência?
R. Será caracterizado vínculo de emprego e não mais estágio. Essa regra não se aplica aos deficientes, pois esses poderão ter um prazo indefinido de estágio.

Caso o estagiário receba vale transporte, alimentação ou saúde pode caracterizar vínculo de emprego?
R. Não, esses benefícios podem ser pagos sem a caracterização do vínculo de emprego.

Qual a jornada diária de trabalho de um estagiário?
R. Será de 4 horas diárias ou de 20 horas semanais no caso de estudantes de educação especial e dos anos finais do ensino fundamental e ainda na modalidade de educação de jovens e adultos. E de 6 horas diárias ou de 30 horas semanais no caso de estudantes de ensino superior, de educação profissional de nível médio e do ensino médio regular.

O estagiário terá direito a horas extras?
R. Não, pois não existe lei que garante esse direito.

O estagiário terá direito a férias e 13º salário?
R. Terá direito a 30 dias a cada 12 meses de trabalho. Já o 13º não terá direito.

O estagiário tem direito a seguro contra acidentes pessoais?
R. Sim, consoante o valor de mercado.

Caso a empresa não respeite as regras da contratação do estagiário, qual será sua punição?
R. Vínculo de emprego com o estagiário e pagamento de todas as verbas devidas em virtude de uma relação de emprego.

Trabalhador cooperado

O cooperado tem vínculo de emprego?
R. Não. É apenas considerado um trabalhador e seu único direito é um percentual sobre o lucro da cooperativa.

O cooperado tem subordinação?
R. Não, existe uma cooperação entre os membros da cooperativa.

Caso o cooperado seja obrigado a ir todos os dias para a cooperativa, receba valores mensais já pré-determinados poderá dar vínculo de emprego?
R. Sem dúvida, nessa situação estamos diante de uma situação que visa fraudar a lei. Terá vínculo com todos os direitos trabalhistas.

Trabalho do menor de 18 anos

Qual é a idade mínima para o trabalho no Brasil?
R. 16 anos exceto para aprendiz que é a partir dos 14 anos de idade.

Quando o menor trabalha em casa tem idade mínima?
R. Não, nessa situação não há idade mínima.

O menor pode trabalhar à noite?
R. Não, é vedado o trabalho do menor à noite, ou seja, a partir das 22 horas.

O menor pode trabalhar em casas noturnas, escola de samba ou discotecas?
R. Não há essa possibilidade, inclusive em locais que tenha a comercialização de bebidas alcoólicas.

Quem pode rescindir o contrato do menor?
Os pais ou responsáveis podem realizar esse ato.

Qual é a jornada de trabalho do menor?
R. 8 horas por dia ou 44 horas semanais.

O menor pode fazer horas extras?
R. Sim, desde que essas horas estejam descritas em acordo ou em convenção coletiva.

O menor pode assinar o holerite?
R. Sim, e receber os valores que são devidos sem a autorização dos pais.

O menor pode dar quitação em seu contrato de trabalho?
R. Não, o menor não poderá dar quitação em seu contrato de trabalho, o mesmo só poderá ser feito mediante seu representante legal.

Observações sobre o empregado

Ao falecer alguém da família de um empregado, quanto tempo este tem direito de licença. Existe grau de parentesco para tal licença?
R. A legislação nos informa que morte de parente de até terceiro grau (pai, mãe, avó, avô, bisavó, bisavô, filho, filha, neto ou neta) além do marido e da mulher, o prazo será de 3 dias contados da morte o prazo para a licença.

O empregado que mora dentro do emprego, ao ser demitido (desligado) da empresa tem quanto tempo pra sair do local? Ele pode ser "despejado" caso ultrapasse o tempo?
R. O empregado dispensado terá o prazo para sair da casa no período do aviso prévio, ou seja, 30 dias. Caso não saia o empregador poderá mover uma ação possessória contra o empregado e pedir a reintegração

da posse do bem. Não existe ação de despejo contra o empregado a não ser que exista um contrato de locação entre empregado e empregador.

O que é Perfil Profissiográfico Previdenciário - PPP?
O Perfil Profissiográfico Previdenciário - PPP - é um documento a ser preenchido com todas as informações relativas ao empregado, como por exemplo, a atividade que exerce, o agente nocivo ao qual é exposto, a intensidade e a concentração do agente, exames médicos clínicos, além de dados referentes à empresa.

Como a empresa deve elaborar o PPP - Perfil Profissiográfico Previdenciário?
A empresa (ou equiparada à empresa) deverá elaborar o PPP de forma individualizada para seus empregados, trabalhadores avulsos e cooperados expostos a agentes nocivos químicos, físicos, biológicos ou associação de agentes prejudiciais à saúde ou à integridade física, considerados para fins de concessão de aposentadoria especial. E ainda, para fins de concessão de benefícios por incapacidade, a partir de 1º de janeiro de 2004, a Perícia Médica do INSS poderá solicitar o PPP à empresa, com vistas à fundamentação do reconhecimento técnico do nexo causal e para avaliação de potencial laborativo, objetivando o processo de reabilitação profissional.

Caminhoneiro

Qual a carga de horas de trabalho de um caminhoneiro?
É proibido motoristas de ônibus e de caminhão dirigir por mais de quatro horas seguidas, o motorista deve

descansar pelo menos 30 minutos, de forma contínua ou não, após as quatro horas. Caso seja necessário, ele pode dirigir por até mais uma hora até encontrar uma parada segura. Além disso, o motorista deve ter 11 horas de descanso entre duas jornadas, como previsto na Consolidação das Leis do Trabalho (CLT).

Pedreiro

Como funciona nos casos do pedreiro? Enquadra-se nos direitos da doméstica?
R. O pedreiro é um prestador de serviço e apenas receberá o valor que foi acertado para fazer a obra ou reforma. Nada mais.

O pedreiro que estiver realizando um determinado serviço numa residência e se machuca, tem algum direito?
R. O pedreiro prestador de serviço assume o risco da atividade que faz, assim se acidentando na residência do dono da obra, o pedreiro não terá nenhum direito trabalhista. Apenas o dono da obra deverá buscar socorro, apenas isso.

Há necessidade de registro em carteira para o pedreiro que exerce serviço numa residência?
R. Não há nenhuma necessidade de assinar a CTPS do pedreiro, ele é um prestador de serviço. Salvo se ele for terceirizado por uma empresa. Terá registro por essa empresa,

Existe diferença entre o pedreiro contratado a fazer uma obra por uma empresa e o pedreiro contratado a fazer uma obra numa residência? Quais são seus direitos?
R. Não existe diferença alguma, a relação será a mesma, havendo apenas a necessidade de um contrato de trabalho. Existem os empregados terceirizados que terão registro em carteira com a empresa que os contratou e todos os direitos trabalhistas.

Empregado deficiente

O empregado com deficiência física ou mental tem estabilidade?
R. Não há nenhuma. Porém empresas que tenham mais de 100 funcionários deverão ter de 2% a 5% de deficientes.

Capítulo 3

Contrato de Trabalho

O que eu devo entender como contrato de trabalho?
R. São as regras que existem entre o empregado e o empregador e devem ser seguidas conforme foram determinadas e caso não sejam estaremos diante de uma justa causa.

O contrato de trabalho é obrigatório?
R. Sim, o empregado não poderá começar o trabalho sem ter assinado o contrato de trabalho.

Existe contrato de trabalho verbal? Aquele que é feito de "boca"?
R. Existir, existe, mas não é correto. Todo contrato deverá ser por escrito. Sendo verbal e não existindo no papel será válido do mesmo jeito com todos os direitos decorrentes do contrato de trabalho normal.

Devo assinar obrigatoriamente o contrato de trabalho?
R. Se concordar com os termos que ali estão escritos sim, o trabalhador deverá assinar o contrato de trabalho.

Caso o trabalhador seja analfabeto como faz para assinar o contrato de trabalho?
R. A melhor orientação é colocar a digital do trabalhador e sempre assinar com duas testemunhas maiores de 16 anos.

O empregador poderá alterar meu contrato de trabalho?
R. Em regra não. Mas não trazendo prejuízo ao trabalhador poderá fazê-lo. Caso traga prejuízo ao trabalhador, essa alteração, poderá ingressar com uma ação na justiça chamada de rescisão indireta e pedir para receber todos os valores como se fosse demitido sem justo motivo.

O contrato de trabalho poderá ser feito a mão?
R. O mais adequado é fazer o contrato digitado (na internet existe uma infinidade de modelos) ou

datilografado apenas por formalismo. Mas poderá ser feito a mão sem maiores problemas.

Entre um contrato e outro na mesma empresa deve existir um prazo de quanto tempo?
R. Entre um contrato e outro deve existir um prazo de pelo menos 6 meses para não caracterizar um único contrato de trabalho.

Pode existir a exclusividade no contrato de trabalho?
R. A meu ver não. A exclusividade só é boa para o patrão, pois retira a oportunidade do trabalhador de ter uma renda extra e aprender em outro local, em abrir portas em outros locais de trabalho. Para ter a exclusividade na prestação de serviço deve-se negociar e principalmente compensar o trabalhador em dinheiro, só na conversa isso não faz sentido.

Trabalho com "jogo do bicho" posso pedir vínculo de emprego?
R. Não, a atividade que exerce é contra a lei, não há vínculo de emprego.

O contrato de experiência é obrigatório?
R. Não. Fica a critério do empregador. Poderá fazê-lo ou não.

Quanto tempo poderá ter um contrato de experiência?
R. Até 90 dias. Poderá ser menos e ainda poderá ser dividido apenas uma vez. Exemplo 45 mais 45

dias. Após esse prazo será considerado o contrato por prazo indeterminado.

O que é contrato por obra certa?
R. É um contrato por prazo determinado de no máximo 2 anos, podendo ser utilizado para a construção civil (exemplo reforma de casa).

Nos contratos por prazo determinado existe aviso prévio?
R. Em tese não, pois já se sabe o dia final do contrato de trabalho.

Perdi meu contrato de trabalho, posso pedir uma segunda via?
R. Sim, é uma obrigação do empregador emitir uma segunda via do contrato de trabalho.

Quando o contrato de trabalho será suspenso ou interrompido?
R. O contrato de trabalho será suspenso quando não houver o pagamento do salário ou for pago o benefício pelo INSS. Cumpre salientar que esse período não se computa para efeito de aposentadoria. Já na interrupção o empregado não trabalha, mas recebe seu salário normalmente como é o caso de faltar um dia do trabalho para doar sangue.

Sou obrigado a me transferir de local por ordem do empregador?
R. Sim, caso não traga prejuízos ao empregado, este deverá seguir a recomendação do empregador.

Existem exceções quanto a alteração do contrato de trabalho? Quais são?

R. Sim, existem três exceções que são denominadas de *jus variandi*, que é a possibilidade do empregador fazer alterações unilaterais no contrato de trabalho sem anuência do empregado. São elas:

a) Quando o empregado volta ao cargo anteriormente ocupado, deixando o cargo de confiança;

b) Quando houver substituição eventual ou temporária de cargo diverso;

c) Quando houver necessidade de readaptação em nova função por motivo de deficiência atestada pela Previdência Social.

O que seria assumir o risco da atividade econômica pelo empregador?

R. É a obrigação de pagar os salários dos empregados mesmo que a empresa tenha prejuízo em determinado mês ou período.

O que seria responsabilidade solidária?

R. Isso é muito comum nas ações trabalhistas quando o empregado trabalha para várias empresas do mesmo dono, caso uma empresa não pague, qualquer outra empresa desse dono pagará.

A CLT se aplica aos servidores públicos?

R. Servidor público regido por estatuto próprio não seguirá as regras contidas na CLT.

O que é direito adquirido?
R. É um direito que o empregado já faz jus e não pode ser mais retirado. Ex.: se o empregado trabalhou 30 dias tem que receber salário até o 5º dia útil do mês subsequente.

Havendo a venda da empresa, muda o meu contrato de trabalho?
R. Jamais, qualquer alteração na empresa não poderá afetar de nenhuma maneira o contrato de trabalho, ainda mais se for prejudicial ao empregado.

CAPÍTULO 4

Carteira de Trabalho e Previdência Social

Pode haver a contratação de um empregado sem a anotação na CTPS?
R. Em tese não, todo o empregado deve ser registrado em carteira. A exceção à regra são em locais de difícil acesso, que não tenha onde tirar a carteira. A lei confere um prazo de 30 dias sem registro.

Para que serve a carteira de trabalho?
R. Traz um histórico de todas as atividades que o empregado exerceu na sua vida e servirá como base para se aposentar quando chegar a época devida.

O empregado poderá alterar algum dado na carteira de trabalho?
R. Jamais o empregado poderá alterar ou acrescentar algum dado na carteira de trabalho, sob pena de crime.

Pode existir mais de uma carteira de trabalho para um só empregado?
R. Sim, sem maiores problemas o empregado pode ter duas, três, quatro carteiras de trabalho e realizado vários registros em cada uma delas.

A carteira de trabalho poderá ser fornecida a analfabetos?
R. Sim, sem maiores problemas.

Quem pode retirar a carteira de trabalho do empregado?
R. Apenas o mesmo. O sindicato poderá entregar a carteira se tiver autorização expressa dos órgãos governamentais competentes.

No caso de acidente de trabalho, na carteira de trabalho poderão ser anotadas informações sobre esses acidentes?
R. Sim, quantas vezes forem necessárias.

O comércio pode vender carteira de trabalho?
R. Jamais, por ser um documento público apenas o Ministério do Trabalho e Emprego poderá emiti-la. É crime comprar documentos falsos.

O empregador poderá fazer alguma anotação na carteira de trabalho que desabone o empregado?
R. Em nenhuma hipótese e caso tenha alguma anotação desabonadora na carteira de trabalho será devido o dano moral.

As anotações na carteira de trabalho fazem prova absoluta num processo judicial?
R. Não. As anotações em carteira fazem prova meramente relativa, ou seja, através de uma testemunha pode descaracterizar o que foi anotado em carteira.

Qual é a penalidade do empregador que perder a carteira do empregado?
R. Deverá pagar uma multa de 15 salários mínimos à Delegacia do Ministério do Trabalho e Emprego.

CAPÍTULO 5

Remuneração

Qual é a diferença de remuneração e salário?
R. Remuneração é a soma de todos os valores que o empregado recebe (salário, gorjeta, comissão, ajuda de custo, etc.). Já o salário é apenas o valor pago referente ao trabalho. Todos esses valores devem

estar discriminados em holerite e os pagamentos feitos para o FGTS, 13º salário, férias, devem ter como base a remuneração e não apenas o salário. Detalhe: o empregado não pode receber menos que um salário mínimo por mês (atualmente está em R$ 465,00 reais).

Qual o prazo para pagar o salário?
R. O salário, para a grande maioria das pessoas, deve ser pago até o 5º dia útil do mês subsequente ao trabalho. Assim, o empregado que trabalha 30 dias deverá receber até o 5º dia útil do mês seguinte.

Meu patrão atrasa todos os meses o salário, existe algo a ser feito?
R. Sim, a obrigação do empregador é pagar os salários em dia. Caso não consiga, deve fechar a empresa. Caso o empregado esteja passando por uma situação dessas poderá rescindir seu contrato de trabalho que nada mais é do que uma ação judicial proposta na justiça do trabalho e o empregado será dispensado sem justa causa e receberá todos os valores pertinentes ao seu trabalho.

A gorjeta integra a remuneração?
R. Sim, a gorjeta deverá servir como base de cálculo para o FGTS, férias, 13º salário, ou seja, as gorjetas são consideradas remuneração para todos os efeitos legais.

Quais são os percentuais que existem dos adicionais?
R. Existe o adicional de horas extras (50%), insalubridade (10, 20 ou 40 % sobre o salário mínimo), periculosidade (30%), transferência (25%), noturno (20% urbano

ou 25% para o rural). Esses percentuais devem ser pagos juntamente com o salário.

Eu posso receber menos que um salário mínimo por mês?
R. No caso do empregado, jamais, este deverá receber, no mínimo, um salário mínimo por mês.

O salário deve ser pago necessariamente em dinheiro?
R. Para o analfabeto sim.

O menor de 18 anos poderá assinar o holerite?
R. Sim, o que o menor de 18 anos não pode fazer é assinar sua rescisão contratual. Nessa situação necessita de seu representante legal (pai, mãe, etc.).

O que é remuneração variável?
R. Remuneração variável nada mais é do que o pagamento feito por comissões.

O empregado pode ser contratado apenas para receber comissões?
R. Sim, desde que seja garantido a ele pelo menos um salário mínimo por mês.

O que é salário condição?
R. É o salário pago quando realizada alguma atividade extra pelo empregado. Exemplo horas extras, essas devem ser pagas somente quando o empregado faz as mesmas.

O que é abono?
R. É o adiantamento do salário que deverá ser feito sempre até o dia 20 de cada mês, equivalente a 40% do salário do empregado.

Eu posso receber insalubridade e periculosidade no mesmo emprego?
R. Poder receber, pode. Mas o empregador só terá a obrigação de pagar apenas um deles, sempre o mais vantajoso para o empregado.

Qual o prazo que o empregador tem para pagar as horas extras?
R. O prazo do pagamento das horas extras é o mesmo que o salário, ou seja, até o 5º dia útil do mês subsequente.

Que hora é considerada noturna?
R. Existe uma diferença entre trabalhador urbano e rural. A hora noturna do trabalhador urbano está compreendida entre as 22 horas e 5 horas da manhã. Já o trabalhador rural depende da sua atividade. Se for agrícola das 21 às 5 horas da manhã e o pecuarista das 20 às 4 horas da manhã.

Começo a trabalhar às 20 horas até às 2 horas da manhã, tenho direito ao adicional noturno?
R. Somente terá direito ao adicional noturno após as 22 horas e neste caso até as 2 horas da manhã.

Começo a trabalhar as 2 horas da manhã e vou até as 10 horas, tenho direito ao adicional noturno de todo o período?

R. Sim, mesmo passando das 5 horas da manhã o empregado terá direito ao adicional noturno por todo o período trabalhado.

Quando eu receberei pelo adicional de transferência?

R. O empregado receberá o valor de 25% sobre seu salário durante o prazo que ficar em local diferente de onde foi contratado, desde que mude de localidade e que exija a mudança de residência.

A comissão é salário?

R. A comissão é uma das espécies de salário, pode ser estipulada em qualquer valor do empregador e havendo a aceitação do empregado está tudo certo.

Recebendo a gratificação de função eu não receberei algum adicional?

R. A gratificação de função normalmente é paga no valor de 40% sobre o salário do empregado. Recebendo esse valor o empregado não terá direito a horas extras e nem ao adicional de transferência.

Qual o prazo para pagar o 13º salário?

R. Esse tem um prazo de até o dia 20 de dezembro. Porém, poderá ser dividido em até 2 vezes, normalmente sendo pago nos dias 20 de novembro e 20 de dezembro.

O que são *gueltas*?
R. *Gueltas* são prêmios pagos ao empregado por ter atingido alguma meta na empresa ou ainda pagos por fornecedores aos distribuidores de produtos. Não tem natureza de remuneração.

É possível que a empresa estorne o valor pago como comissão?
R. Sim, a empresa poderá estornar o valor pago como comissão, desde que, o cliente não pague o valor da compra.

Quais são as formas de pagamento de salário?
R. O pagamento pode ser feito da seguinte forma:
a) por tempo: mês, semana, quinzena, hora;
b) por produção: calculado com base no número de unidades produzidas pelo empregado;
c) por tarefa: com base na produção. A economia de tempo traz vantagem ao empregado;
d) por comissão: geralmente estipulada pelos empregados no comércio, podendo ser por volume de vendas ou percentual.

Tenho a mesma função de um outro funcionário que recebe mais do que eu, isso está certo?
R. Isso está errado. Todos os empregados que exercem a mesma função têm direito a receber o mesmo salário. No Direito chamamos essa situação de equiparação salarial.

Quando o empregador poderá fazer descontos no meu salário?

R. Poderá fazer os descontos no caso de dano causado à empresa (se for doloso não precisa estar em contrato, se for culposo precisa estar em contrato), o desconto ainda poderá ser feito referente ao vale transporte e ao INSS.

Todas as verbas que recebo da empresa deverão estar descritas no holerite?

R. Sem dúvida, todos os valores que o empregado recebe deverão estar no holerite devidamente discriminados.

Quais as modalidades de pagamento do salário?

R. O salário poderá ser pago das seguintes maneiras:
a) dinheiro: moeda corrente do país (obrigatoriamente desta forma aos analfabetos, mediante recibo com digital);
b) depósito em conta bancária: o banco não pode se recusar em abrir conta salário em razão da pessoa;
c) cheque: mesmo que de outra praça ou de terceiros;
d) salário in natura ou utilidade (que é habitação alimentação e vestuário).

O que são gratificações?

R. Gratificações são pagamentos de valores realizados por liberalidade do empregador, como uma forma de agradecimento ou de reconhecimento por parte do empregador em razão de serviços prestados.

O que são comissões?

R. São percentuais recebidos pelo empregado após uma venda, porém, se o empregado receber apenas comissões, o empregador deverá assegurar-lhe pelo menos um salário mínimo no mês em que as comissões não atingirem essa importância. As comissões, também integram o salário.

Quando eu terei direito ao salário família?
R. Apenas para os empregados que tenham filhos menores de 14 anos ou inválidos, no limite máximo de 2. O empregado deverá comprovar que é pai ou mãe dos filhos apresentando a certidão de nascimento e ainda a carteira de vacinação.

Quando terei direito a participação nos lucros e resultados da empresa?
R. Apenas se estiver determinado em acordo ou em convenção coletiva. Ligando para o sindicato este pode informar esse direito.

CAPÍTULO 6

Término do Contrato de Trabalho

Quando o empregador poderá me dispensar do emprego?
R. Caso o empregado não tenha nenhuma estabilidade poderá ser dispensado em qualquer tempo.

Quais são os meus direitos quando dispensado sem justa causa do emprego?

R. O empregado deverá receber os seguintes direitos: dias trabalhados, 13º proporcional, férias vencidas e proporcionais com 1/3 a mais, aviso prévio, guias do FGTS com a multa de 40% e guias do seguro desemprego.

Quais são os meus direitos quando dispensado com justa causa?

R. Apenas os dias trabalhados e as férias vencidas se houverem.

Antes de ser dispensado por justa causa eu não deveria ser advertido ou suspenso?

R. Isso é uma lenda. Dependendo do caso o empregado pode ser dispensado por justa causa de plano, sem a advertência ou a suspensão.

Quantos dias eu posso receber de suspensão?

R. No máximo 30 dias, se exceder desse prazo o contrato está automaticamente rescindido sem justa causa.

Qual o prazo para a empresa me dispensar por justa causa?

R. Não existe um prazo definido em lei, mas através de julgados nos tribunais a empresa terá um prazo de 30 dias para dispensar o empregado por justa causa contado do conhecimento do fato.

Quais são os tipos de justa causa que existem?

R. Existem vários tipos de justa causa, que o empregado poderá ser dispensado. Seguem abaixo os tipos mais comuns:

a) improbidade: probo = honesto, logo, impro = desonesto, ligado a furto ou roubo. No Direito do trabalho não se aplica a teoria da insignificância penal. Pode recair a improbidade sobre objetos da empresa, clientes ou empregados. Exemplo: furto de cartucho de impressoras;

b) incontinência de conduta: qualquer ato que tenha uma conotação sexual dentro da empresa. "Só contato físico." Exemplo: empregados flagrados juntos no estoque.

c) mau procedimento: qualquer ato contra a boa educação.

d) negociação habitual: concorrência desleal. Exemplo: mandar um cliente para o concorrente de seu empregador;

e) condenação criminal transitada em julgado (desde que não haja *sursi*). Se absolvido, não cabe, somente se condenado;

f) desídia: negligência, relaxo, desleixo. Exemplo: vigia / porteiro que dorme em horário de trabalho;

g) embriaguez: pode ser álcool ou drogas;

h) violação de segredo da empresa: informações restritas à empregadora. Exemplo: fórmulas de remédio;

i) indisciplina e insubordinação: indisciplina – ordens gerais (normas da empresa), insubordinação – ordens pessoais, diretas, hierárquicas;

j) abandono de emprego: necessário 2 requisitos cumulativos: ausência por mais de 30 dias, tem que estar trabalhando em outra empresa;

k) ato lesivo contra honra ou físico do empregador, (excludente = Legítima Defesa):

honra – empregador, chefe, ou qualquer outro empregado. É subjetivo. Exemplo: tinha que ser loira, gordo, etc.;

físico – empregador, superior, colega de trabalho, cliente, etc.;

l) prática constante de jogos de azar, desde que durante a jornada de trabalho (exclui-se o horário do almoço / descanso);

m) atos atentatórios contra a Segurança Nacional. Exemplo: terrorismo;

n) aprendiz, quando reprovado na escola;

o) bancário, quando tiver seu nome inscrito nos órgãos de proteção ao crédito;

p) quando o empregado se recusar a usar o Equipamento de Proteção Individual (EPI);

q) omitir ou mentir informações sobre o uso de vale transporte;

r) ferroviário que não fica na via quando há acidente de trabalho;

s) fumar na empresa, desde que no Estado tenha lei que proíba. Exemplo: São Paulo.

O que é culpa recíproca?

R. Ocorre quando ambas as partes dão causa a rescisão do contrato de trabalho. Mas sempre o primeiro ato é tomado pelo empregador. Exemplo: quando um empregador agride um empregado e esse revida na mesma moeda. A indenização que será paga ao empregado será reduzida pela metade.

Eu posso pedir a demissão do emprego? Quais são os meus direitos?

R. Em qualquer tempo o empregado poderá pedir a demissão do emprego. Receberá os dias trabalhados, as férias vencidas e proporcionais acrescidos de 1/3 a mais e 13º proporcional.

O que é rescisão indireta?

R. É uma ação judicial proposta pelo empregado contra um empregador que cometeu uma justa causa. Normalmente essa ação é proposta na justiça do trabalho, o empregado recebe todos os valores como se fosse demitido sem justa causa.

Meu patrão morreu, posso pedir minha dispensa da empresa?

R. Se for uma empresa individual sim e receberá todos os valores como se fosse dispensado sem justa causa.

A empresa que eu trabalhava faliu, quais são os meus direitos?

R. O empregado receberá todos os seus direitos como se fosse dispensado sem justa causa. Mas o limite do valor está limitado em até 150 salário mínimos. Caso o empregado tenha mais direitos a receber, receberá apenas depois dos créditos devidos ao banco pela empresa (na prática nunca mais).

O aviso prévio é obrigatório?

R. Sim, para os contratos por prazo indeterminado sempre será obrigatório para ambas as partes, tanto pelo empregado como pelo empregador.

Qual o prazo do aviso prévio?
R. Será de no mínimo 30 dias para todos os tipos de empregados.

Eu recebo salário quando estou de aviso prévio?
R. Sim, é devido um salário a mais para o empregado mesmo que não cumpra o aviso prévio.

Pode existir a justa causa no aviso prévio?
R. Sim, caso o empregado esteja de aviso prévio e cometa algum ato grave será dispensado por justa causa.

Tenho alguma estabilidade no aviso prévio?
R. Não, uma vez recebido o aviso prévio, mesmo que o empregado se acidente não terá estabilidade.

Pode haver a reconsideração do aviso prévio?
R. Sim, desde que ambas as partes aceitem.

As duas horas do aviso prévio que o empregado sai mais cedo, poderão ser trabalhadas e pagas como horas extras?
R. Não, obrigatoriamente o empregado deverá sair todos os dias mais cedo da empresa.

Como são feitas as contas para eu saber quanto tenho direito a receber?
R. Os cálculos mais importantes são:
a) cálculo do saldo de salário do mês: dividir o valor do salário por 30 (total de dias do mês) e multiplicar o resultado pela quantidade de dias trabalhados.

Exemplo: o empregado trabalhou até o dia 18 do mês em que foi demitido.
Então:
R$ 420,00 (valor do salário mensal) dividido por 30 é igual a R$ 14,00 (valor por dia)
R$ 14,00 vezes 18 (dias trabalhados) é igual R$ 252,00
b) cálculo do 13.º salário proporcional: dividir o valor do salário por 12 (total de meses do ano) e multiplicar o resultado pela quantidade de meses trabalhados. Caso o empregado seja demitido após o dia 15, o mês da demissão será contabilizado no cálculo. Exemplo: o empregado foi contratado em 1.º de fevereiro e demitido em 18 de setembro, já contando o aviso prévio, que é de 30 dias. Considera-se, portanto, que ele trabalhou oito meses.
Assim:
R$ 420,00 (valor do salário mensal) dividido por 12 é igual a R$ 35,00 (valor por mês)
R$ 35,00 x 8 (quantidade de meses trabalhados) é igual a R$ 280,00
c) cálculo das férias proporcionais:
Dividir o valor do salário por 12 (total de meses do ano), multiplicar o resultado pela quantidade de meses trabalhados e acrescentar um terço do salário. Exemplo: o trabalhador foi demitido após 11 meses de trabalho.
Então:
R$ 420,00 (valor do salário mensal) dividido por 12 é igual a R$ 35,00 (valor por mês)
R$ 35,00 x 11 (quantidade de meses trabalhados) é igual a R$ 385,00

R$ 385,00 + 1/3 R$ 385,00 (um terço do salário mensal)
= R$ 385,00 + R$ 128,33 = R$ 513,33
d) Aviso prévio será o último salário.
e) FGTS, o cálculo será feito da seguinte forma: deverá ser calculado 8% sobre o salário, vezes o número de meses que o empregado trabalhou na empresa e acrescentar 40%.

O valor das verbas rescisórias pode ser parcelado?
R. Jamais. O valor deve ser pago de forma integral ao empregado.

CAPÍTULO 7

Estabilidade

Quais são os tipos de estabilidade que existem de emprego?
R. Existem vários tipos de estabilidade no emprego, as principais são: dirigente sindical, membro da CIPA, membro da CCP, diretor de cooperativa, membro do conselho curador do FGTS, membro do conselho nacional da previdência social, acidentados e gestantes. E ainda existem as estabilidades que não estão na lei mas podem estar descritas em acordos ou em convenções coletivas, por exemplo pré-aposentadoria, AIDS, etc.

A grávida está estável no emprego a partir de quando?

R. Desde que seu contrato seja por prazo indeterminado a gestante terá estabilidade da confirmação da gravidez até 5 meses após o parto.

Apenas se candidatar para um cargo de eleição na empresa já garante a estabilidade?

R. Via de regra sim, se candidatando a um cargo na empresa já será estável, com a exceção do membro da comissão de conciliação prévia, este só terá sua estabilidade a partir do momento que ganhar a eleição e tomar a posse no cargo.

Quais são as hipóteses que eu posso perder a estabilidade?

R. Existem varias hipóteses que o empregado poderá perder a estabilidade, dentre elas: com a morte do empregado, aposentadoria, força maior, justa causa, pedido de demissão, fechamento da empresa, culpa recíproca e *factum príncipes*.

O que é empregado decenal?

R. É um empregado contratado antes de outubro de 1988, ou seja, antes da Constituição Federal, não optante pelo FGTS, terá estabilidade após 10 anos de trabalho contínuo da empresa.

Existe estabilidade para temporário?

R. Não, pois trata-se de empregado por prazo determinado.

CAPÍTULO 8

FGTS

Todos os empregados têm FGTS?
R. Em tese todos os empregado terão direito ao FGTS, que nada mais é do que um depósito feito numa conta aberta na CEF especialmente para isso. O valor do depósito será de 8% sobre o salário do empregado, todos os meses, e esse depósito deverá ser feito até o dia 7 de cada mês. Só não terá direito ao FGTS a doméstica e o diretor de cooperativa (esses são facultativos).

Quando eu poderei sacar o meu FGTS?
R. O empregado poderá sacar o seu FGTS nas seguintes hipóteses: quando for demitido sem justa causa, quando pedir demissão do emprego (essa hipótese apenas após 3 anos da demissão, desde que não trabalhe com registro por 3 anos), demitido por justa causa (também somente após os 3 anos da dispensa), para reformar ou comprar sua casa própria, no caso de doença grave (AIDS, câncer e doenças degenerativas), quando se aposenta ou para compra de ações e morte do empregado.

O que é a multa de 40% do FGTS?
R. Nada mais é do que o pagamento feito pela empresa quando demite um funcionário sem justa causa. Esse depósito é um acréscimo feito na conta do empregado, ou seja, é um *plus* a mais.

Se eu morrer, meus herdeiros podem sacar o meu FGTS?
R. Sem dúvida, os herdeiros podem sacar o FGTS, (sem a multa de 40%).

Qual o prazo que o patrão tem para fazer o depósito do meu FGTS?
R. No caso de depósito dos 8% mensais, até o dia 7 de cada mês. No caso de dispensa, a multa dos 40% deve ser paga juntamente com as verbas rescisórias.

O empregado ao ser demitido, tem que pagar a multa do FGTS?
R. Jamais, esse absurdo infelizmente acontece todos os dias, esse " acordinho" entre as partes é ilegal, imoral e contrário a toda a legislação trabalhista.

O empregado pode sacar o seu FGTS quando adquire AIDS ou câncer?
R. Pode sacar mesmo trabalhando mas sem a multa de 40%. Essa regra se aplica também aos empregados que adquirem uma doença degenerativa, ex.: diabetes.

Quando o empregado se separa do cônjuge, este terá algum direito das verbas rescisórias ou salário?
R. Em tese não, apenas se o empregado for já separado e pagar pensão alimentícia.

CAPÍTULO 9

Jornada de Trabalho

Quantas horas posso trabalhar por dia?
R. No máximo 8 horas por dia e 44 horas por semana.

O que é banco de horas?
R. É uma forma de juntar todas as horas extras feitas pelo empregado e quando esse for gozar das férias, nessas serão somadas as horas extras que estão nesse banco de horas.

O que é compensação de horas?
R. O regime de compensação de horas ocorre quando o trabalhador prorroga sua jornada em alguns dias e diminui em outros. Assim, a jornada não ultrapassa o limite legal. Nesse regime, o empregado não recebe hora extra pela compensação.

O que é jornada de tempo parcial?
É o trabalho cuja duração não excede 25 horas semanais, ou 5 horas por dia. Por esta modalidade o trabalho pode ser realizado em menos de 25 horas na semana. Importante mencionar que por este regime, não pode haver realização de hora extra. Como exemplo, podemos citar o *Personal Traineer*.

Sou obrigado a fazer horas extras?
R. Nenhum empregado é obrigado a fazer horas extras, salvo o ferroviário no caso de acidente na via, em situações urgentes.

O empregador poderá mudar meu horário de trabalho?
R. Poderá mudar o horário desde que não traga prejuízo ao empregado.

Quando as horas extras não serão devidas?
R. As horas extras não deverão ser pagas quando se tratar de empregada doméstica, trabalhador externo, autônomos, estagiários, ou seja, pessoas que não têm registro de ponto ou que são apenas trabalhadoras, sem vínculo de emprego.

O que são ininterruptos de jornada de trabalho?
R. São empresas que trabalham 24 horas por dia, 7 dias por semana. Nessas empresas existem dois turnos, o flexível de 6 horas e o fixo de 8 horas. O turno flexível poderá alterar sua jornada em qualquer momento a critério do empregador.

O que é hora *in itinere*?

R. São aquelas horas em que o empregado fica à disposição do empregador em condução por este fornecida, quando o local de trabalho é de difícil acesso ou não servido por transporte público regular. Nesse caso, essas horas *in itinere* são computadas na jornada de trabalho (podem acarretar horas extraordinárias).

Qual a diferença de prontidão, sobreaviso e hora extra?

R. Hora de prontidão são as duas horas a mais que o empregado trabalha na empresa, mas apenas para situações urgentes. Sua remuneração será de 2/3 sobre a hora normal. O sobreaviso ocorre quando o empregado fica em sua casa aguardando o chamado do empregador que poderá ser feito a qualquer tempo. Sua remuneração será de 1/3 sobre a hora normal de trabalho. Por fim, as horas extras, são as duas horas a mais que o empregado trabalha na empresa e sua remuneração será de 50% sobre a hora normal.

Quanto tempo eu tenho de almoço por dia?

R. Empregados que trabalham até 4 horas por dia, não têm direito a almoço, empregados que trabalham de 4 a 6 horas por dia têm direito a apenas 15 minutos de almoço e empregados que trabalham mais de 6 horas por dia têm de 1 a 2 horas de almoço.

Entre uma jornada e outra, quantas horas eu devo descansar?

R. Entre uma jornada e outra deverá ter no mínimo 11 horas, para que o empregado possa descansar.

O que é DSR's?
R. É o chamado descanso semanal remunerado, preferencialmente aos domingos e será de 24 horas consecutivas.

Quais são os tipos de jornadas especiais de trabalho? E por quê?
R. São categorias profissionais diferenciadas, que recebem jornada de trabalho especial, por força de lei ou acordos coletivos, são elas:
- Advogado – exercerá atividades profissionais por 4 horas contínuas, ou 20 horas semanais, salvo acordo ou convenção coletiva, ou contrato de exclusividade; fará jus a um adicional de 100% por horas extras prestadas.
- Bancário – exercerá atividades profissionais por 6 horas contínuas, ou 30 horas semanais, de segunda à sexta-feira; conforme arts. 224 e 225 da CLT, fica estabelecido que a duração normal do trabalho compreenderá entre as 7 e as 22 horas, com intervalo de 15 minutos; A jornada poderá ser prorrogada, excepcionalmente, por até 8 horas por dia, não excedendo a 40 horas semanais.
- Telefonista – exercerá atividades profissionais por 6 horas por dia, ou 36 horas semanais, conforme art. 227 da CLT.
- Jornalistas Profissionais – exercerão atividades profissionais por 5 horas por dia, conforme art. 303 da CLT.
- Médicos – exercerão atividades profissionais por 4 horas por dia, de acordo com o art. 8º da Lei 3.999/61.

- Cabineiros de elevador – exercerão suas atividades profissionais por 6 horas por dia, conforme Lei 3.270/57.
- Professor – exercerá atividades profissionais por 4 ou 6 horas por dia, intercaladas; é vedado a regência de aulas e o trabalho em exames aos domingos; a remuneração será fixada pelo número de aulas semanais, na conformidade dos horários; o pagamento será mensal, considerando cada mês constituído de 4 semanas e meia.

Retirando as horas extras, o empregador deverá pagar alguma indenização ao empregado?

R. Apenas será devida uma indenização ao empregado se este fez horas extras seguidas mais de 1 ano. O valor dessa indenização será de um salário por ano.

Caso eu tenha sido mandado embora antes de gozar as férias e de usufruir o banco de horas, receberei esses valores?

R. Sim, o empregado que não usufruiu as férias e nem as horas extras deverá receber as mesmas com adicional de 50%.

O que é necessidade imperiosa?

R. É a forma que o empregador tem de exigir do empregado para que ele faça mais de 2 horas extras por dia. Não poderá exceder a 12 horas de trabalho por dia.

O gerente não receberá quais adicionais?

R. O gerente não receberá o adicional de horas extras e o adicional de transferência.

É permitido o trabalho em feriados?
R. No caso de feriados nacionais nenhuma atividade poderá ser exercida, exceto atividades que assim exijam. Exemplo: transporte público, hospitais, etc.

O tempo que tenho de almoço e descanso não será computado como jornada de trabalho?
R. Não. Caso o empregado trabalhe 6 horas por dia terá direito a 15 minutos de descanso, assim terá uma jornada de 6 horas e 15 minutos, isso está correto.

CAPÍTULO 10

Férias

As férias são obrigatórias?
R. Todos os empregados têm direito a pelo menos 30 dias de férias a cada 12 meses de trabalho.

Completei 1 ano de trabalho, meu empregador será obrigado a me conceder as férias?
R. Quem escolhe o mês das férias é o empregador. Assim sendo completado 12 meses de trabalho, o empregador poderá escolher o mês que o empregado deverá tirar as férias, nos próximos 12 meses de trabalho.

Quantos dias eu tenho de férias?
R. 30 dias consecutivos. Esses podem ser divididos, mas nunca inferior a 10 dias.

As férias podem ser divididas?
R. Sim, no máximo duas vezes e nunca inferior a 10 dias.

As férias deverão ser anotadas em carteira?
R. Sim, os períodos das férias devem ser anotadas em carteira de trabalho.

Estou de férias posso trabalhar para outro empregador?
R. Sim, não há vedação da lei.

Quando a empresa deve me pagar as férias?
R. A empresa deve pagar as férias do empregado dois dias antes do seu início. O valor das férias é o salário acrescido de 1/3.

O empregador pode comprar férias?
R. Sim, desde que haja a permissão expressa do empregado para isso. No máximo o empregador só poderá comprar até 10 dias das férias. Lembrando que o empregado menor de 18 anos ou maior de 50 não podem vender e nem dividir as férias, devem tirar 30 dias consecutivos.

As faltas que eu tiver na empresa vão diminuir minhas férias?
R. Sim, as faltas injustificadas irão reduzir o tempo de férias na seguinte proporção: até 5 faltas nos

12 meses de trabalho o empregado irá tirar 30 dias de férias; de 6 a 14 faltas irá tirar apenas 24 dias; de 15 a 23 faltas irá tirar apenas 18 dias e de 24 a 32 faltas o empregado irá tirar apenas 12 dias de férias.

O que é pagar as férias em dobro?
R. Quando o empregador não conceder as férias no prazo correto estas deverão ser pagas em dobro acrescidas de 1/3.

O que é o chamado 1/3 constitucional das férias?
R. É uma vantagem a mais que o empregado recebe quando tira suas férias, pois o gasto nas férias, muitas vezes, é maior do que nos dias de trabalho.

O empregado é obrigado a aceitar férias coletivas?
R. Sim, quando determinadas pelo empregador e pelo sindicato devem ser cumpridas pelo empregado.

O empregador deverá anotar na minha carteira as férias coletivas?
R. Apenas se o número de funcionários que gozaram das férias forem superiores a 300.

Qual o prazo para avisar as minhas férias?
R. O prazo para avisar as férias sempre serão de 30 dias que antecedem a mesma, por parte do empregador.

O trabalhador ao retornar de férias tem alguma estabilidade?

R. Isso não existe, uma vez retornando das férias pode ser dispensado e indenizado.

Quando o empregado perderá as férias?

R. Quando deixar o emprego e não for readmitido no período de 60 dias; permanecer em licença recebendo salário por mais de 30 dias; deixar de trabalhar, recebendo salários por mais de 30 dias (ex.: caso de greve); tiver recebido benefício do INSS por mais de 6 meses, mesmo que descontínuos.

CAPÍTULO 11

Segurança e Medicina do Trabalho

O empregador é obrigado a me fornecer o equipamento de proteção individual?

R. Sem dúvida. O equipamento de proteção individual deve ser fornecido pelo empregador para o exercício de seu trabalho. O empregado não poderá trabalhar sem o capacete, bota, luvas, etc. Detalhe, o empregador deverá também fazer a devida manutenção dos equipamentos nada cobrando por esse serviço do empregado.

Quem faz a fiscalização do local de trabalho?
R. Os órgãos do governo, através de seus fiscais.

Eu posso denunciar a empresa por irregularidades?
R. Sem dúvida, o empregado pode denunciar a empresa que não está cumprindo as devidas regras.

Quem escolhe os membros da CIPA?
R. O empregador escolhe o presidente da CIPA, e aos empregados a designação dos representantes, titulares e suplentes.

O empregado é obrigado a fazer o exame médico para sua admissão?
R. Sim e também será obrigado a fazer os exames periódicos e o demissional.

A mulher é obrigada a fazer o teste da gravidez?
R. Apenas no exame demissional.

Quantas portas e janelas são obrigadas a existirem numa empresa?
R. Quantas necessárias para a boa circulação do ar e para prevenir acidentes ou incêndios.

O que é EPI?
R. É o equipamento de proteção individual que serve para evitar acidentes de trabalho. O empregado é obrigado a usar sob pena de justa causa. O empregador é obrigado a fornecer esses equipamentos sem custo para o empregado.

O que é PPP?
R. É o perfil profissiográfico previdenciário que nada mais é do que um documento que comprova o tempo de serviço do empregado na empresa.

Qual é a altura mínima entre o teto e o chão da empresa?
R. Deverá ter uma altura mínima de 3 pés direito. Mas essa regra não precisa ser aplicada se há uma boa iluminação.

No caso de iluminação pode haver sombras no local de trabalho?
R. Não pode haver sombras no local de trabalho.

Quando será obrigatório o ar condicionado?
R. Quando não há possibilidade de ventilação natural.

Qualquer pessoa pode arrumar os circuitos elétricos na empresa?
R. Nunca, apenas o profissional habilitado.

No local do estoque da empresa deve ter placas informando o limite máximo de carregamento de peso?
R. A sinalização na empresa sempre será importante. Deve haver os limites de peso em cada carregador, além de proteção para as mãos.

O empregado pode limpar a máquina que trabalha, ligada?
R. Jamais, a limpeza das máquinas deverá ser feita com as mesmas desligadas.

Para empregados que trabalham a céu aberto deve ter um telhado de proteção?
R. Mesmo que rústico deve ter proteção para os empregados.

Quando o fiscal chega na empresa o empregador pode impedir sua entrada?
R. Não, deverá auxiliar seu trabalho.

CAPÍTULO 12

Aposentadoria

Com qual idade eu posso me aposentar?
R. Homens se aposentam com 65 anos de idade e as mulheres com 60 anos de idade. Para trabalhadores rurais o tempo é reduzido, 60 anos para homens e 55 para mulheres, desde que tenham contribuído pelo menos 180 meses para o INSS.

Vou receber na aposentadoria os mesmos valores que recebo enquanto trabalho normalmente?
R. Será feito um cálculo de tempo de contribuição e o valor que foi depositado todos os meses para o INSS. O INSS poderá fazer esse cálculo de uma forma simples, inclusive pelo site:
www.previdenciasocial.gov.br

Aposentando-me eu posso continuar trabalhando?
R. Sim, e deverá contribuir da mesma forma.

Trabalho em local insalubre e perigoso, vou ter uma redução no meu tempo de serviço para me aposentar?
R. Sim, dependendo de cada categoria haverá uma redução do tempo exigido para cada categoria.

O empregado que está prestes a se aposentar, pode ser demitido?
R. Sim, a qualquer tempo desde que essa garantia não esteja em convenção ou em acordo coletivo.

CAPÍTULO 13

Poder do Empregador

O empregador pode revistar minha bolsa?
R. Sim, desde que exista um aviso prévio informando esse ato, é possível.

O empregador pode me revistar?
R. Sim, desde que tenha aviso prévio.

O empregador pode acessar minha caixa de mensagens e ver os meus e-mails's?
R. Pode sim, desde que seja o e-mail corporativo e não o e-mail pessoal.

O empregador pode mudar minha função na empresa?
R. Desde que não traga prejuízo ao empregado poderá alterar a função do mesmo.

Sou obrigado a assinar uma advertência ou suspensão?
R. Não, mas o empregador poderá pedir para duas testemunhas assinarem no seu lugar.

Devo respeitar o regulamento da empresa?
R. Com certeza. Essas regras internas na empresa devem ser obedecidas por todos sob pena de justa causa.

CAPÍTULO 14

Sou obrigado a me filiar no sindicato?
R. Não. Nenhum empregado é obrigado a se filiar no sindicato.

Tenho que comparecer as reuniões do sindicato?
R. Não tendo nenhum cargo eletivo no sindicato não há necessidade de comparecer em reuniões.

Tenho que pagar alguma contribuição para o sindicato?
R. Apenas uma contribuição sindical é obrigatória, que é cobrada uma vez por ano, normalmente no mês de março e equivale a um dia de trabalho do empregado.

Quero me desfiliar do sindicato, posso?
R. Com certeza. Em qualquer momento o empregado pode se desfiliar do sindicato.

Minha categoria não tem sindicato, onde devo procurar pelos meus direitos?
R. Diretamente na justiça do trabalho.

O que é comissão de conciliação prévia?
R. É um órgão criado pelo empregador que serve para encaminhar os ex-empregados que foram demitidos e nessa comissão podem fazer um acordo. Uma vez fazendo o acordo e recebendo os valores devidos o ex-empregado não mais poderá mover uma ação trabalhista pedindo os mesmos valores.

Sou obrigado a passar por ela quando sou demitido?
R. Não. Nenhum empregado é obrigado a passar pela comissão de conciliação prévia obrigatoriamente. Pode mover a ação trabalhista imediatamente após sua dispensa.

Fazendo um acordo nessa comissão não poderei mais mover uma reclamação trabalhista?
R. Não mais. Uma vez fazendo o acordo fica proibido de mover uma reclamação trabalhista na justiça.

A greve pode ser feita por quem?
R. A greve poderá ser feita por qualquer pessoa que trabalhe. Sendo ela registrada na empresa ou não.

Eu não quero aderir à greve, posso fazer isso?
R. Sim, nenhum empregado é obrigado a aderir à greve.

Posso ser demitido se aderir à greve?
R. Apenas se a greve for declarada abusiva pelo Tribunal do Trabalho, o empregado poderá ser demitido e ainda por justa causa.

O que é lock-out?
É a greve do empregador. É proibida no Brasil.

CAPÍTULO 15

Atestados Médicos

Quando o empregador pode não aceitar o atestado médico do empregado?
R. A meu ver o empregador sempre deverá aceitar o atestado médico do empregado.

Com quantos dias de atestado médico o empregador pode afastar o empregado?
R. Desde o primeiro dia. Quantos dias forem necessários o empregado será afastado do trabalho.

O empregado afastado por doença, receberá seu salário normalmente?
R. Sim. Até o 15º dia quem paga é o empregador após o 16º dia quem deverá pagar o benefício será o INSS.

O empregado ao retornar ao seu serviço depois de certo tempo afastado por virtude de doença terá alguma estabilidade?
R. Terá estabilidade de 12 meses contados de seu retorno, se ficar afastado por mais de 16 dias, sofrer um acidente de trabalho e for emitida a CAT (Comunicação de Acidente de Trabalho).

CAPÍTULO 16

Reclamação Trabalhista na Justiça

Qual o prazo para ingressar com uma ação trabalhista?
R. Dois anos contados do último dia do aviso prévio.

Posso procurar a justiça do trabalho sem advogado?

R. Sim, o empregado ou o empregador poderá procurar a justiça do trabalho sem advogado e pleitear seus direitos.

Como eu faço para fazer os cálculos das minhas verbas rescisórias?

R. Simples, verifique o tempo de serviço, o último salário, o tipo de dispensa e faça as contas como já expliquei no capítulo 5 desse livro.

O empregado pode entrar com uma ação trabalhista trabalhando na mesma empresa?

R. Sim. Poderá ingressar com a ação, mas poderá ser dispensado a qualquer tempo, exceto se tiver alguma estabilidade.

Se o empregado estiver trabalhando numa empresa, ele pode entrar com uma ação trabalhista contra uma outra empresa?

R. Sim, nada o impede.

Quando movo uma reclamação trabalhista quem deverá pagar os impostos numa condenação contra a empresa?

R. Os valores dos impostos a serem pagos sempre serão de responsabilidade da empresa, ou seja, os valores o INSS e do IR. O valor do empregado sempre será líquido.

CAPÍTULO 17

Curiosidades que Acontecem

Quem deve provar que tem direito ao vale transporte?
R. É do empregado o ônus de comprovar que satisfaz os requisitos indispensáveis à obtenção do vale transporte.

O empregador é obrigado a fazer um plano de saúde para os funcionários?
R. Não. O empregador que conceder esse benefício, além de ser facultativo, poderá retirar o mesmo a qualquer tempo.

Quando ocorrerá o dano moral?
R. Quando o empregado sofrer algum dano a sua pessoa que pode ser físico ou psicológico.

Atraso salarial pode caracterizar dano moral?
R. Sim, se trouxer prejuízos graves ao empregado.

O empregado desapareceu, o que o empregador deverá fazer?
R. Dispensar o mesmo por justa causa, não esquecer de mandar telegramas e fazer o depósito das verbas em sua conta e caso não tenha a conta, fazer um depósito consignado no banco.

CAPÍTULO 18

MODELO 1

Recibo de Pagamento

Recibo

Eu, _____ (nome), _____ (estado civil), _____ (profissão), inscrito no CPF sob o nº (_____) e no RG nº (_____), recebi de _____ (nome), _____ (estado civil), _____ (profissão), inscrito no CPF sob o nº (_____) e no RG nº (_____), a importância de R$ ___,__, _____ (por extenso), referente ao pagamento de (especificar a que se refere o pagamento, inclusive número da parcela, se for o caso).

_____
(localidade), (dia) de (mês) de (ano).

_____
(nome de quem está recebendo - assinar acima)

MODELO 2

Advertência

De: _____
(nome do empregador ou encarregado por apresentar a advertência)

Para: _____
(nome do empregado a ser advertido)

REF.: ADVERTÊNCIA NO TRABALHO

Prezado Senhor _____
(nome do empregado a ser advertido)

Venho por meio desta, informar que o Senhor vem apresentando comportamento não condizente com as normas internas da empresa, sobretudo, no que pertine ao descumprimento de sua jornada de trabalho e ao desrespeito às normas de segurança e medicina do trabalho obrigatórias a todos os empregados.

Em virtude disso, fica o Senhor advertido de que não é permitido dentro desta empresa, as atitudes descritas acima e que, verificada a reincidência, esta poderá ocasionar a rescisão por justa causa de seu contrato de trabalho.

Sem mais.

Assino a presente.

_____
(Localidade), (dia) de (mês) de (ano).

_____
(nome e assinatura do empregador ou encarregado por apresentar a advertência)

Ciente em (dia) de (mês) de (ano).

_____
(nome e assinatura do empregado a ser advertido)

MODELO 3

Aviso Prévio

Nome da Cidade

Sra. (empregada)

É a presente para formalizar comunicação de que, por motivos de ordem pessoal, não mais serão necessários seus prestimosos serviços prestados em nossa empresa.

Assim, agradecendo a colaboração e a dedicação com que sempre se distinguiu no desempenho de seu trabalho, serve este documento de aviso prévio, de 30 (trinta) dias, que a lei determina para facilitar-lhe a busca de novo emprego.

Informo, ainda, que durante os próximos 30 (trinta) dias é seu direito ausentar-se do trabalho duas horas antes da jornada normal, ou ainda, se assim o preferir, cumprir a jornada normal e ter a última semana completamente livre.

_____
empregador

Recebi uma via da presente comunicação de aviso prévio.

_____
Cidade e data